POKÉMON™

MON CARNET DE DRESSEUR

hachette
JEUNESSE

C'EST PARTI POUR L'AVENTURE !

Bienvenue à Galar ! Tu dois être impatient de partir à la découverte des Pokémon de cette toute nouvelle région. Comme Sacha, tu espères rencontrer de nombreux Pokémon afin de les dresser.
Mais avant de commencer, remplis la fiche d'inscription.

NOM : Ketchum

PRÉNOM : Sacha

ÂGE : 10 ans

VILLE : Bourg Palette

RÉGION D'ORIGINE : Kanto

POKÉMON DE PRÉDILECTION :

NOM : Pikachu

CATÉGORIE : Pokémon Souris

TYPE : Électrik

TAILLE : 0,4 m

POIDS : 6,0 kg

NOM : ....

PRÉNOM : ....

ÂGE : ....

DATE DE NAISSANCE : ....

ADRESSE : ....

NUMÉRO DE TÉLÉPHONE : ....

E-MAIL : ....

Colle ici
ta photo.

POKÉMON DE PRÉDILECTION :

NOM : ....

TYPE : ....

TAILLE : ....

POIDS : ....

Dessine ici
ton Pokémon préféré.

MA FAMILLE

Comme Sacha, tu dois pouvoir compter sur ta famille pour te soutenir dans ta passion pour les Pokémon.

MA MÈRE

NOM : ....

PRÉNOM : ....

DATE D'ANNIVERSAIRE : ....

N° DE TÉLÉPHONE : ....

E-MAIL : ....

LE POKÉMON QUI LUI CONVIENDRAIT LE MIEUX : ....

Colle ici sa photo.

MON PÈRE

NOM : ....

PRÉNOM : ....

DATE D'ANNIVERSAIRE : ....

N° DE TÉLÉPHONE : ....

E-MAIL : ....

LE POKÉMON QUI LUI CONVIENDRAIT LE MIEUX : ....

Colle ici sa photo.

Colle ici
sa photo.

FRÈRE/SŒUR

NOM : ....

PRÉNOM : ....

DATE D'ANNIVERSAIRE : ....

N° DE TÉLÉPHONE : ....

E-MAIL : ....

LE POKÉMON QUI LUI CONVIENDRAIT
LE MIEUX : ....

FRÈRE/SŒUR

NOM : ....

PRÉNOM : ....

DATE D'ANNIVERSAIRE : ....

N° DE TÉLÉPHONE : ....

E-MAIL : ....

LE POKÉMON QUI LUI CONVIENDRAIT
LE MIEUX : ....

Colle ici
sa photo.

FRÈRE/SŒUR

NOM : ....

PRÉNOM : ....

DATE D'ANNIVERSAIRE : ....

N° DE TÉLÉPHONE : ....

E-MAIL : ....

LE POKÉMON QUI LUI CONVIENDRAIT
LE MIEUX : ....

Colle ici
sa photo.

MES AMIS

MES AMIS

Au fil de ses aventures, Sacha s'est fait de nombreux amis ! Toi aussi, tu dois avoir beaucoup d'amis qui partagent ta passion. Note ici les informations les concernant afin de rester toujours en contact.

GOH

CE QUE JE SAIS DE LUI :

Goh est déterminé à croiser la route de tous les Pokémon qui existent même les plus rares ! Il est fasciné par Mew qu'il a rencontré quand il était plus jeune. C'est un garçon un peu réservé mais qui se donne à fond quand il s'agit de ses passions.

POKÉMON DE PRÉDILECTION :

NOM : Flambino

TYPE : Feu

TAILLE : 0,3 m

POIDS : 4,5 kg

DESCRIPTION DU POKÉDEX :

Il court pour augmenter sa température et faire circuler l'énergie incandescente dans son corps. Il peut ainsi déployer toute sa puissance.

Colle ici
sa photo.

NOM : ....

PRÉNOM : ....

N° DE TÉLÉPHONE : ....

E-MAIL : ....

SON POKÉMON PRÉFÉRÉ :

....

NOM : ....

PRÉNOM : ....

N° DE TÉLÉPHONE : ....

E-MAIL : ....

SON POKÉMON PRÉFÉRÉ :

....

Colle ici
sa photo.

Colle ici
sa photo.

NOM : ....

PRÉNOM : ....

N° DE TÉLÉPHONE : ....

E-MAIL : ....

SON POKÉMON PRÉFÉRÉ :

....

MES AMIS

CHLOÉ

CE QUE JE SAIS D'ELLE :

Chloé est la fille du Professeur Cerise et connaît Goh depuis de nombreuses années. Cette élève très responsable va chaque jour à l'école. Elle est souvent agacée par les excès de confiance de Goh.

POKÉMON DE PRÉDILECTION :

NOM : Voltoutou
TYPE : Électrik
TAILLE : 0,3 m
POIDS : 13,5 kg
DESCRIPTION DU POKÉDEX :
Lorsqu'il court, on peut voir de l'électricité se former à la base de sa queue. Ce Pokémon est très populaire auprès des bergers de Galar.

Colle ici
sa photo.

NOM : ....

PRÉNOM : ....

N° DE TÉLÉPHONE : ....

E-MAIL : ....

SON POKÉMON PRÉFÉRÉ :

....

NOM : ....

PRÉNOM : ....

N° DE TÉLÉPHONE : ....

E-MAIL : ....

SON POKÉMON PRÉFÉRÉ :

....

Colle ici
sa photo.

Colle ici
sa photo.

NOM : ....

PRÉNOM : ....

N° DE TÉLÉPHONE : ....

E-MAIL : ....

SON POKÉMON PRÉFÉRÉ :

....

MES AMIS

NOM : ....

PRÉNOM : ....

N° DE TÉLÉPHONE : ....

E-MAIL : ....

SON POKÉMON PRÉFÉRÉ :

....

Colle ici
sa photo.

Colle ici
sa photo.

NOM : ....

PRÉNOM : ....

N° DE TÉLÉPHONE : ....

E-MAIL : ....

SON POKÉMON PRÉFÉRÉ :

....

NOM : ....

PRÉNOM : ....

N° DE TÉLÉPHONE : ....

E-MAIL : ....

SON POKÉMON PRÉFÉRÉ :

....

Colle ici
sa photo.

Colle ici
sa photo.

NOM : ....

PRÉNOM : ....

N° DE TÉLÉPHONE : ....

E-MAIL : ....

SON POKÉMON PRÉFÉRÉ :

....

NOM : ....

PRÉNOM : ....

N° DE TÉLÉPHONE : ....

E-MAIL : ....

SON POKÉMON PRÉFÉRÉ :

....

Colle ici
sa photo.

Colle ici
sa photo.

NOM : ....

PRÉNOM : ....

N° DE TÉLÉPHONE : ....

E-MAIL : ....

SON POKÉMON PRÉFÉRÉ :

....

MES AMIS

NOM :

PRÉNOM :

N° DE TÉLÉPHONE :

E-MAIL :

SON POKÉMON PRÉFÉRÉ :

Colle ici sa photo.

Colle ici sa photo.

NOM :

PRÉNOM :

N° DE TÉLÉPHONE :

E-MAIL :

SON POKÉMON PRÉFÉRÉ :

NOM :

PRÉNOM :

N° DE TÉLÉPHONE :

E-MAIL :

SON POKÉMON PRÉFÉRÉ :

Colle ici sa photo.

Colle ici
sa photo.

NOM : ....

PRÉNOM : ....

N° DE TÉLÉPHONE : ....

E-MAIL : ....

SON POKÉMON PRÉFÉRÉ :

....

NOM : ....

PRÉNOM : ....

N° DE TÉLÉPHONE : ....

E-MAIL : ....

SON POKÉMON PRÉFÉRÉ :

....

Colle ici
sa photo.

Colle ici
sa photo.

NOM : ....

PRÉNOM : ....

N° DE TÉLÉPHONE : ....

E-MAIL : ....

SON POKÉMON PRÉFÉRÉ :

....

MES AMIS

NOM :

PRÉNOM :

N° DE TÉLÉPHONE :

E-MAIL :

SON POKÉMON PRÉFÉRÉ :

Colle ici sa photo.

Colle ici sa photo.

NOM :

PRÉNOM :

N° DE TÉLÉPHONE :

E-MAIL :

SON POKÉMON PRÉFÉRÉ :

NOM :

PRÉNOM :

N° DE TÉLÉPHONE :

E-MAIL :

SON POKÉMON PRÉFÉRÉ :

Colle ici sa photo.

Colle ici
sa photo.

NOM :

PRÉNOM :

N° DE TÉLÉPHONE :

E-MAIL :

SON POKÉMON PRÉFÉRÉ :

NOM :

PRÉNOM :

N° DE TÉLÉPHONE :

E-MAIL :

SON POKÉMON PRÉFÉRÉ :

Colle ici
sa photo.

Colle ici
sa photo.

NOM :

PRÉNOM :

N° DE TÉLÉPHONE :

E-MAIL :

SON POKÉMON PRÉFÉRÉ :

MES RIVAUX

Comme tous les Dresseurs de Pokémon, tu rêves certainement de te mesurer à tes rivaux ? Et s'ils finissaient par devenir tes meilleurs copains ?

JESSIE

Team Rocket

POKÉMON DE PRÉDILECTION :

NOM : Miaouss
CATHÉGORIE : Pokémon Chadégout
TYPE : Normal
TAILLE : 0,4 m
POIDS : 4,2 kg

JAMES

Team Rocket

POKÉMON DE PRÉDILECTION :

NOM : Qulbutoké
CATHÉGORIE : Pokémon Patient
TYPE : Psy
TAILLE : 1,3 m
POIDS : 28,5 kg

Colle ici
sa photo.

NOM :

PRÉNOM :

SON CARACTÈRE :

LE POKÉMON QUI LUI CONVIENDRAIT
LE MIEUX :

NOM :

PRÉNOM :

SON CARACTÈRE :

LE POKÉMON QUI LUI CONVIENDRAIT
LE MIEUX :

Colle ici
sa photo.

BIENVENUE À GALAR !

TES PREMIÈRES IMPRESSIONS À PROPOS DE GALAR

Bienvenue à Galar ! Tu dois être impatient de partir à la découverte des Pokémon de cette région. Mais avant de commencer, note ici les Pokémon dont tu rêves de croiser la route.

LES POKÉMON QUI RETIENNENT MON ATTENTION :

DESSINE ICI TON POKÉMON PRÉFÉRÉ.

NOM : ....

TYPE : ....

TAILLE : ....

POIDS : ....

UN CHOIX CRUCIAL

Te voici en possession de ton nouveau Pokédex. Tu vas pouvoir partir à la découverte de Galar. Mais qui serait ton premier compagnon ? Lis bien ces fiches Pokédex et choisis parmi ces trois Pokémon trop mignons !

OUISTEMPO

Catégorie : Pokémon Chimpanzé
Type : Plante - **Taille** : 0,3 m - **Poids** : 5,0 kg

Le rythme qu'il crée en tapant avec son bâton très spécial génère des ondes sonores qui ont le pouvoir de vivifier les plantes.

CE QUE J'AIME CHEZ OUISTEMPO :

____

____

FLAMBINO

Catégorie : Pokémon Lapin
Type : Feu - **Taille** : 0,3 m - **Poids** : 4,5 kg

Quand il est prêt à se battre, la partie qui surmonte son museau ainsi que les coussinets de ses pattes postérieures émettent de la chaleur.

LARMÉLÉON

Catégorie : Pokémon Lézard'Eau
Type : Eau - **Taille** : 0,3 m - **Poids** : 4,0 kg

Quand il a peur, il pleure des larmes contenant une substance lacrymogène d'une puissance équivalente à celle de cent oignons.

CE QUE J'AIME CHEZ FLAMBINO :

____

____

CE QUE J'AIME CHEZ LARMÉLÉON :

____

____

MON CHOIX EST FAIT !

JE CHOISIS : ______________

PARCE QUE : ______________________________

____

POKÉMON DE TYPE PLANTE

DESSINE ICI TON POKÉMON DE TYPE PLANTE PRÉFÉRÉ.

VOICI QUELQUES POKÉMON DE TYPE PLANTE DE LA RÉGION DE GALAR.

LEQUEL CHOISIRAIS-TU POUR UN COMBAT ?

☐ OUISTEMPO

Catégorie : Pokémon Chimpanzé
Région d'origine : Galar
Type : Plante
Taille : 0,3 m
Poids : 5,0 kg

☐ TOURNICOTON

Catégorie : Pokémon Chef-Fleur
Région d'origine : Galar
Type : Plante
Taille : 0,4 m
Poids : 2,2 kg

☐ LUDICOLO

Catégorie : Pokémon Insouciant
Région d'origine : Hoenn
Type : Eau - Plante
Taille : 1,5 m
Poids : 55,0 kg

☐ PHYLLALI

Catégorie : Pokémon Verdoyant
Région d'origine : Sinnoh
Type : Plante
Taille : 1,0 m
Poids : 25,5 kg

POKÉMON DE TYPE FEU

DESSINE ICI TON POKÉMON DE TYPE FEU PRÉFÉRÉ.

VOICI QUELQUES POKÉMON DE TYPE FEU DE LA RÉGION DE GALAR.

LEQUEL CHOISIRAIS-TU POUR UN COMBAT ?

☐ FLAMBINO

Catégorie : Pokémon Lapin
Région d'origine : Galar
Type : Feu
Taille : 0,3 m
Poids : 4,5 kg

☐ SALAMÈCHE

Catégorie : Pokémon Lézard
Région d'origine : Kanto
Type : Feu
Taille : 0,6 m
Poids : 8,5 kg

☐ PYROLI

Catégorie : Pokémon Flamme
Région d'origine : Kanto
Type : Feu
Taille : 0,9 m
Poids : 25,0 kg

☐ CANINOS

Catégorie : Pokémon Chiot
Région d'origine : Kanto
Type : Feu
Taille : 0,7 m
Poids : 19,0 kg

POKÉMON DE TYPE EAU

DESSINE ICI TON POKÉMON DE TYPE EAU PRÉFÉRÉ.

VOICI QUELQUES POKÉMON DE TYPE EAU DE LA RÉGION DE GALAR.

LEQUEL CHOISIRAIS-TU POUR UN COMBAT ?

☐ LARMÉLÉON

Catégorie : Pokémon Lézard'Eau
Région d'origine : Galar
Type : Eau
Taille : 0,3 m
Poids : 4,0 kg

☐ AQUALI

Catégorie : Pokémon Bulleur
Région d'origine : Kanto
Type : Eau
Taille : 1,0 m
Poids : 29,0 kg

☐ KHÉLOCROK

Catégorie : Pokémon Mordillage
Région d'origine : Galar
Type : Eau
Taille : 0,3 m
Poids : 8,5 kg

☐ MAGICARPE

Catégorie : Pokémon Poisson
Région d'origine : Kanto
Type : Eau
Taille : 0,9 m
Poids : 10,0 kg

POKÉMON DE TYPE ÉLECTRIK

DESSINE ICI TON POKÉMON DE TYPE ÉLECTRIK PRÉFÉRÉ.

VOICI QUELQUES POKÉMON DE TYPE ÉLECTRIK DE LA RÉGION DE GALAR.

LEQUEL CHOISIRAIS-TU POUR UN COMBAT ?

☐ MORPEKO MODE RASSASIÉ

Catégorie : Pokémon Volt Face
Région d'origine : Galar
Type : Électrik - Ténèbres
Taille : 0,3 m
Poids : 3,0 kg

☐ PICHU

Catégorie : Pokémon Minisouris
Région d'origine : Johto
Type : Électrik
Taille : 0,3 m
Poids : 2,0 kg

☐ VOLTALI

Catégorie : Pokémon Orage
Région d'origine : Kanto
Type : Électrik
Taille : 0,8 m
Poids : 24,5 kg

☐ VOLTOUTOU

Catégorie : Pokémon Chiot
Région d'origine : Galar
Type : Électrik
Taille : 0,3 m
Poids : 13,5 kg

POKÉMON DE TYPE INSECTE

DESSINE ICI TON POKÉMON DE TYPE INSECTE PRÉFÉRÉ.

VOICI QUELQUES POKÉMON DE TYPE INSECTE DE LA RÉGION DE GALAR.

LEQUEL CHOISIRAIS-TU POUR UN COMBAT ?

☐ CHRYSAPILE

Catégorie : Pokémon Batterie
Région d'origine : Alola
Type : Insecte - Électrik
Taille : 0,5 m
Poids : 10,5 kg

☐ MYGAVOLT

Catégorie : Pokémon Araclectrik
Région d'origine : Unys
Type : Insecte - Électrik
Taille : 0,8 m
Poids : 14,3 kg

☐ LARVIBULE

Catégorie : Pokémon Larve
Région d'origine : Alola
Type : Insecte
Taille : 0,4 m
Poids : 4,4 kg

☐ PAPILUSION

Catégorie : Pokémon Papillon
Région d'origine : Kanto
Type : Insecte - Vol
Taille : 1,1 m
Poids : 32,0 kg

POKÉMON DE TYPE TÉNÈBRES

DESSINE ICI TON POKÉMON DE TYPE TÉNÈBRES PRÉFÉRÉ.

VOICI QUELQUES POKÉMON DE TYPE TÉNÈBRES DE LA RÉGION DE GALAR.

LEQUEL CHOISIRAIS-TU POUR UN COMBAT ?

☐ MORPEKO MODE AFFAMÉ

Catégorie : Pokémon Volt Face
Région d'origine : Galar
Type : Électrik - Ténèbres
Taille : 0,3 m
Poids : 3,0 kg

☐ GOUPILOU

Catégorie : Pokémon Renard
Région d'origine : Galar
Type : Ténèbres
Taille : 0,6 m
Poids : 8,9 kg

☐ NOCTALI

Catégorie : Pokémon Lune
Région d'origine : Johto
Type : Ténèbres
Taille : 1,0 m
Poids : 27,0 kg

☐ FARFURET

Catégorie : Pokémon Grifacérée
Région d'origine : Johto
Type : Ténèbres - Glace
Taille : 0,9 m
Poids : 28,0 kg

POKÉMON DE TYPE FÉE

DESSINE ICI TON POKÉMON DE TYPE FÉE PRÉFÉRÉ.

VOICI QUELQUES POKÉMON DE TYPE FÉE DE LA RÉGION DE GALAR.

LEQUEL CHOISIRAIS-TU POUR UN COMBAT ?

☐ CHARMILLY

Catégorie : Pokémon Crème
Région d'origine : Galar
Type : Fée
Taille : 0,3 m
Poids : 0,5 kg

☐ NYMPHALI

Catégorie : Pokémon Attachant
Région d'origine : Kalos
Type : Fée
Taille : 1,0 m
Poids : 23,5 kg

☐ CRÈMY

Catégorie : Pokémon Crème
Région d'origine : Galar
Type : Fée
Taille : 0,2 m
Poids : 0,3 kg

☐ TOGEPI

Catégorie : Pokémon Balle Pic
Région d'origine : Johto
Type : Fée
Taille : 0,3 m
Poids : 1,5 kg

POKÉMON DE TYPE COMBAT

DESSINE ICI TON POKÉMON DE TYPE COMBAT PRÉFÉRÉ.

VOICI QUELQUES POKÉMON DE TYPE COMBAT DE LA RÉGION DE GALAR.

LEQUEL CHOISIRAIS-TU POUR UN COMBAT ?

☐ CANARTICHO DE GALAR

Catégorie : Pokémon Canard Fou
Région d'origine : Galar
Type : Combat
Taille : 0,8 m
Poids : 42,0 kg

☐ GALLAME

Catégorie : Pokémon Lame
Région d'origine : Sinnoh
Type : Psy - Combat
Taille : 1,6 m
Poids : 52,0 kg

☐ MACHOC

Catégorie : Pokémon Colosse
Région d'origine : Kanto
Type : Combat
Taille : 0,8 m
Poids : 19,5 kg

☐ BÉTOCHEF

Catégorie : Pokémon Costaud
Région d'origine : Unys
Type : Combat
Taille : 1,4 m
Poids : 87,0 kg

POKÉMON DE TYPE PSY

DESSINE ICI TON POKÉMON DE TYPE PSY PRÉFÉRÉ.

VOICI QUELQUES POKÉMON DE TYPE PSY DE LA RÉGION DE GALAR.

LEQUEL CHOISIRAIS-TU POUR UN COMBAT ?

☐ PONYTA DE GALAR

Catégorie : Pokémon Monocorne
Région d'origine : Galar
Type : Psy
Taille : 0,8 m
Poids : 24,0 kg

☐ MUNNA

Catégorie : Pokémon Mangerêve
Région d'origine : Unys
Type : Psy
Taille : 0,6 m
Poids : 23,3 kg

☐ MENTALI

Catégorie : Pokémon Souris
Région d'origine : Alola
Type : Électrik - Psy
Taille : 0,7 m
Poids : 21,0 kg

☐ PSYSTIGRI

Catégorie : Pokémon Retenue
Région d'origine : Kalos
Type : Psy
Taille : 0,3 m
Poids : 3,5 kg

POKÉMON DE TYPE NORMAL

DESSINE ICI TON POKÉMON DE TYPE NORMAL PRÉFÉRÉ.

VOICI QUELQUES POKÉMON DE TYPE NORMAL DE LA RÉGION DE GALAR.

LEQUEL CHOISIRAIS-TU POUR UN COMBAT ?

☐ MOUMOUFLON

Catégorie : Pokémon Mouton
Région d'origine : Galar
Type : Normal
Taille : 1,3 m
Poids : 43,0 kg

☐ RONGOURMAND

Catégorie : Pokémon Joufflu
Région d'origine : Galar
Type : Normal
Taille : 0,3 m
Poids : 2,5 kg

☐ CHINCHIDOU

Catégorie : Pokémon Chinchilla
Région d'origine : Unys
Type : Normal
Taille : 0,4 m
Poids : 5,8 kg

☐ ÉVOLI

Catégorie : Pokémon Évolutif
Région d'origine : Kanto
Type : Normal
Taille : 0,3 m
Poids : 6,5 kg

POKÉMON DE TYPE ACIER

DESSINE ICI TON POKÉMON DE TYPE ACIER PRÉFÉRÉ.

VOICI QUELQUES POKÉMON DE TYPE ACIER DE LA RÉGION DE GALAR.

LEQUEL CHOISIRAIS-TU POUR UN COMBAT ?

☐ CORVAILLUS

Catégorie : Pokémon Corbeau
Région d'origine : Galar
Type : Vol - Acier
Taille : 2,2 m
Poids : 75,0 kg

☐ STEELIX

Catégorie : Pokémon Serpenfer
Région d'origine : Johto
Type : Acier - Sol
Taille : 9,2 m
Poids : 400,0 kg

☐ LUCARIO

Catégorie : Pokémon Aura
Région d'origine : Sinnoh
Type : Combat - Acier
Taille : 1,2 m
Poids : 54,0 kg

☐ CLIC

Catégorie : Pokémon Engrenage
Région d'origine : Unys
Type : Acier
Taille : 0,6 m
Poids : 51,0 kg

POKÉMON DE TYPE VOL

DESSINE ICI TON POKÉMON DE TYPE VOL PRÉFÉRÉ.

VOICI QUELQUES POKÉMON DE TYPE VOL DE LA RÉGION DE GALAR.

LEQUEL CHOISIRAIS-TU POUR UN COMBAT ?

☐ BLEUSEILLE

Catégorie : Pokémon Corbeau
Région d'origine : Galar
Type : Vol
Taille : 0,8 m
Poids : 16,0 kg

☐ NIGOSIER

Catégorie : Pokémon Avaltouron
Région d'origine : Galar
Type : Vol - Eau
Taille : 0,8 m
Poids : 18,0 kg

☐ SONISTRELLE

Catégorie : Pokémon Ondes
Région d'origine : Kalos
Type : Vol - Dragon
Taille : 0,5 m
Poids : 8,0 kg

☐ BRUTALIBRÉ

Catégorie : Pokémon Catcheur
Région d'origine : Kalos
Type : Combat - Vol
Taille : 0,8 m
Poids : 21,5 kg

POKÉMON DE TYPE SPECTRE

DESSINE ICI TON POKÉMON DE TYPE SPECTRE PRÉFÉRÉ.

VOICI QUELQUES POKÉMON DE TYPE SPECTRE DE LA RÉGION DE GALAR.

LEQUEL CHOISIRAIS-TU POUR UN COMBAT ?

☐ MIMIQUI

Catégorie : Pokémon Déguisement
Région d'origine : Alola
Type : Spectre - Fée
Taille : 0,2 m
Poids : 0,7 kg

☐ SKELÉNOX

Catégorie : Pokémon Requiem
Région d'origine : Hoenn
Type : Spectre
Taille : 0,8 m
Poids : 15,0 kg

☐ TÉRACLOPE

Catégorie : Pokémon Appel
Région d'origine : Hoenn
Type : Spectre
Taille : 1,6 m
Poids : 30,6 kg

☐ NOCTUNOIR

Catégorie : Pokémon Mainpince
Région d'origine : Hoenn
Type : Spectre
Taille : 2,2 m
Poids : 106,6 kg

POKÉMON DE TYPE DRAGON

DESSINE ICI TON POKÉMON DE TYPE DRAGON PRÉFÉRÉ.

VOICI QUELQUES POKÉMON DE TYPE DRAGON DE LA RÉGION DE GALAR.

LEQUEL CHOISIRAIS-TU POUR UN COMBAT ?

☐ DURALUGON

Catégorie : Pokémon Alliage
Région d'origine : Galar
Type : Acier - Dragon
Taille : 1,8 m
Poids : 40,0 kg

☐ MUCUSCULE

Catégorie : Pokémon Mollusque
Région d'origine : Kalos
Type : Dragon
Taille : 0,3 m
Poids : 2,8 kg

☐ SOLOCHI

Catégorie : Pokémon Rude
Région d'origine : Unys
Type : Tenèbres - Dragon
Taille : 0,8 m
Poids : 17,3 kg

☐ DIAMAT

Catégorie : Pokémon Violent
Région d'origine : Unys
Type : Tenèbres - Dragon
Taille : 1,4 m
Poids : 50,0 kg

POKÉMON DE TYPE GLACE

DESSINE ICI TON POKÉMON DE TYPE GLACE PRÉFÉRÉ.

VOICI QUELQUES POKÉMON DE TYPE GLACE DE LA RÉGION DE GALAR.

LEQUEL CHOISIRAIS-TU POUR UN COMBAT ?

☐ GIVRALI

Catégorie : Pokémon Poudreuse
Région d'origine : Sinnoh
Type : Glace
Taille : 0,8 m
Poids : 25,9 kg

☐ FARFURET

Catégorie : Pokémon Grifacérée
Région d'origine : Johto
Type : Ténèbres - Glace
Taille : 0,9 m
Poids : 28,0 kg

☐ DIMORET

Catégorie : Pokémon Grifacérée
Région d'origine : Sinnoh
Type : Ténèbres - Glace
Taille : 1,1 m
Poids : 34,0 kg

☐ LOKHLASS

Catégorie : Pokémon Transport
Région d'origine : Kanto
Type : Eau - Glace
Taille : 2,5 m
Poids : 220,0 kg

POKÉMON DE TYPE POISON

DESSINE ICI TON POKÉMON DE TYPE POISON PRÉFÉRÉ.

VOICI QUELQUES POKÉMON DE TYPE POISON DE LA RÉGION DE GALAR.

LEQUEL CHOISIRAIS-TU POUR UN COMBAT ?

☐ ÉTHERNATOS

Catégorie : Pokémon Giga
Région d'origine : Galar
Type : Poison - Dragon
Taille : 20,0 m
Poids : 950,0 kg

☐ MALAMANDRE

Catégorie : Pokémon Toxilézard
Région d'origine : Alola
Type : Poison - Feu
Taille : 1,2 m
Poids : 22,2 kg

☐ FANTOMINUS

Catégorie : Pokémon Gaz
Région d'origine : Kanto
Type : Spectre - Poison
Taille : 1,3 m
Poids : 0,1 kg

☐ ECTOPLASMA

Catégorie : Pokémon Ombre
Région d'origine : Kanto
Type : Spectre - Poison
Taille : 1,5 m
Poids : 40,5 kg

POKÉMON DE TYPE SOL

DESSINE ICI TON POKÉMON DE TYPE SOL PRÉFÉRÉ.

VOICI QUELQUES POKÉMON DE TYPE SOL DE LA RÉGION DE GALAR.

LEQUEL CHOISIRAIS-TU POUR UN COMBAT ?

☐ ONIX

Catégorie : Pokémon Serpenroc
Région d'origine : Kanto
Type : Roche - Sol
Taille : 8,8 m
Poids : 210,0 kg

☐ EMBRYLEX

Catégorie : Pokémon Peaupierre
Région d'origine : Johto
Type : Roche - Sol
Taille : 0,6 m
Poids : 72,0 kg

☐ RHINOFÉROCE

Catégorie : Pokémon Perceur
Région d'origine : Kanto
Type : Sol - Roche
Taille : 1,9 m
Poids : 120,0 kg

☐ GRINGOLEM

Catégorie : Pokémon Golem Ancien
Région d'origine : Unys
Type : Sol - Spectre
Taille : 1,0 m
Poids : 92,0 kg

POKÉMON DE TYPE ROCHE

DESSINE ICI TON POKÉMON DE TYPE ROCHE PRÉFÉRÉ.

VOICI QUELQUES POKÉMON DE TYPE ROCHE DE LA RÉGION DE GALAR.

LEQUEL CHOISIRAIS-TU POUR UN COMBAT ?

☐ TORGAMORD

Catégorie : Pokémon Morsure
Région d'origine : Galar
Type : Eau - Roche
Taille : 1,0 m
Poids : 115,5 kg

☐ RHINOCORNE

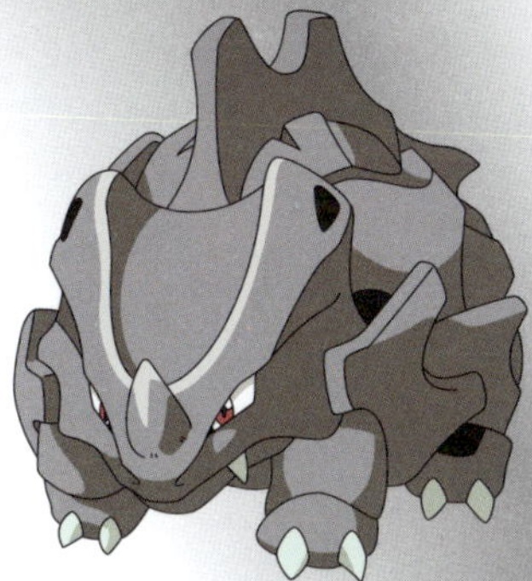

Catégorie : Pokémon Piquant
Région d'origine : Kanto
Type : Sol - Roche
Taille : 1,0 m
Poids : 115,0 kg

☐ TYRANOCIF

Catégorie : Pokémon Armure
Région d'origine : Johto
Type : Roche - Ténèbres
Taille : 2,0 m
Poids : 202,0 kg

☐ RHINASTOC

Catégorie : Pokémon Perceur
Région d'origine : Sinnoh
Type : Sol - Roche
Taille : 2,4 m
Poids : 282,8 kg

POKÉMON LÉGENDAIRES

DESSINE ICI TON POKÉMON LÉGENDAIRE PRÉFÉRÉ.

VOICI DEUX POKÉMON LÉGENDAIRES DE LA RÉGION DE GALAR.

LEQUEL CHOISIRAIS-TU POUR UN COMBAT ?

☐ ZACIAN Épée Suprême

Catégorie : Pokémon Valeureux
Type : Fée - Acier
Taille : 2,8 m
Poids : 355,0 kg

DESCRIPTION DU POKÉDEX :

Il est équipé d'une arme antique avec laquelle il tranche d'un seul coup les Pokémon, même ceux qui disposent du pouvoir Gigamax.

☐ ZAMAZENTA Bouclier Suprême

Catégorie : Pokémon Valeureux
Type : Combat - Acier
Taille : 2,9 m
Poids : 785,0 kg

DESCRIPTION DU POKÉDEX :

Il est équipé d'une protection parfaite pouvant aisément contrer toutes les attaques, même si son ennemi bénéficie de la force du Dynamax.

L'ÉQUIPE POKÉMON PARFAITE

Comme tout Dresseur, tu rêves d'avoir ta propre équipe de Pokémon à entraîner. Note ici l'équipe qui te semble idéale pour remporter tous les combats !

SON NOM : ....

TYPE : ....

TAILLE : ....

POIDS : ....

TALENT : ....

SES ATOUTS POUR MON ÉQUIPE : ....

....

Dessine ce Pokémon :

SON NOM : ....

TYPE : ....
TAILLE : ....
POIDS : ....
TALENT : ....
SES ATOUTS POUR MON ÉQUIPE :
....
....

Dessine ce Pokémon :

Dessine ce Pokémon :

SON NOM : ....

TYPE : ....
TAILLE : ....
POIDS : ....
TALENT : ....
SES ATOUTS POUR MON ÉQUIPE :
....
....

L'ÉQUIPE POKÉMON PARFAITE

SON NOM : ....

TYPE : ....

POIDS : ....

TAILLE : ....

TALENT : ....

SES ATOUTS POUR MON ÉQUIPE : ....

....

Dessine ce Pokémon :

SON NOM : ....

TYPE : ....

TAILLE : ....

POIDS : ....

TALENT : ....

SES ATOUTS POUR MON ÉQUIPE :

....

....

Dessine ce Pokémon :

Dessine ce Pokémon :

SON NOM : ....

TYPE : ....

TAILLE : ....

POIDS : ....

TALENT : ....

SES ATOUTS POUR MON ÉQUIPE :

....

....

CARNET DE NOTES

CARNET DE NOTES

CARNET DE NOTES